Reihe: Meilensteine Deutsch

Ute Kühn

Vorkurs

Hallo, ich bin

_______________________ *

und begleite dich in
diesem Heft!

---

* Hier kannst du einen Namen einsetzen.

Ernst Klett Verlag
Stuttgart · Leipzig

Das bin ich

Male.

Was machst du gerne?

Male.

Zuhause

Erzähle.

Suche 10 Fehler. Kreise ein.

Was ist gleich?

Kreise ein.

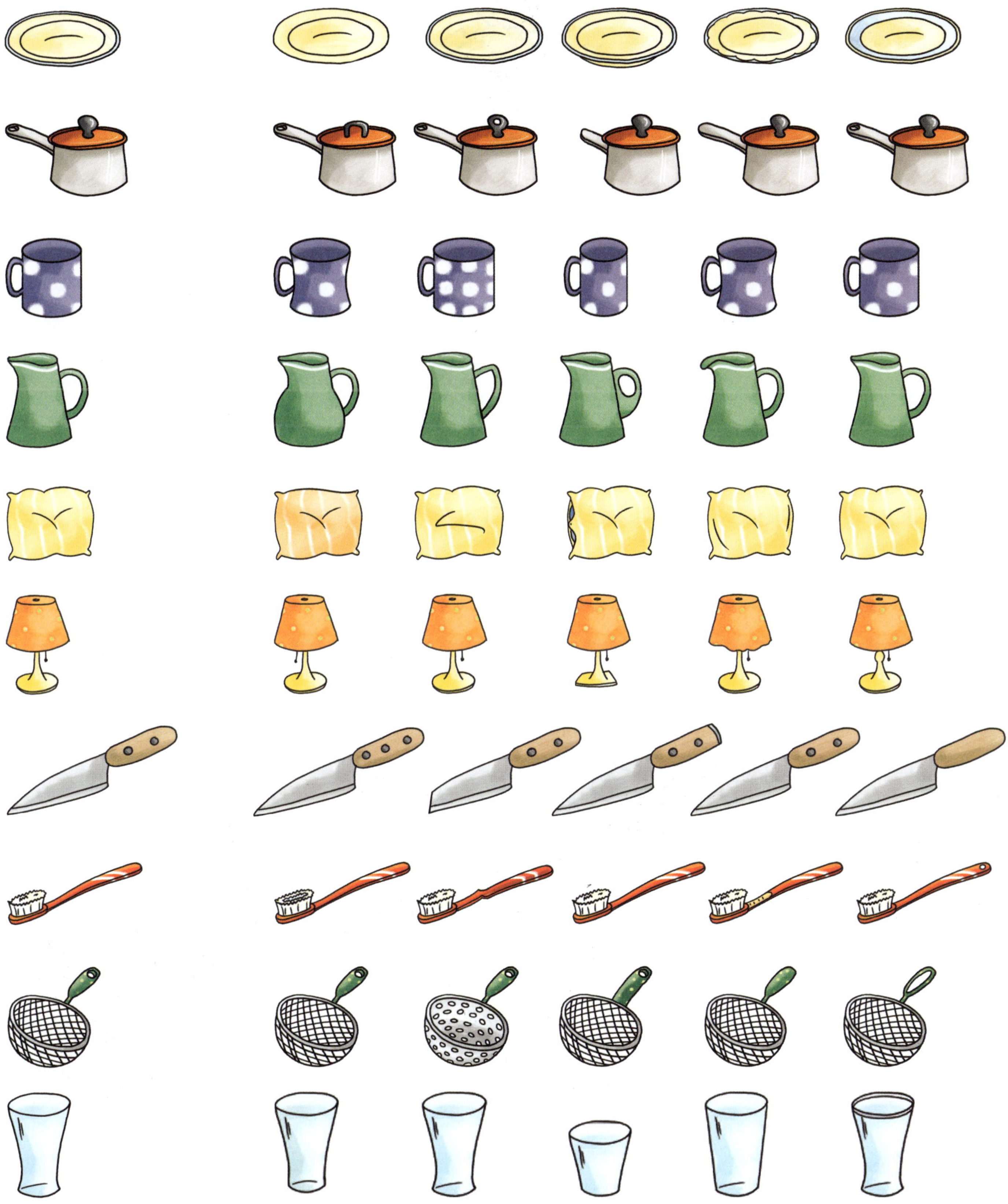

Wohin führt der Weg?

Spure nach.

Wer wohnt wo?

Spure nach.

Wie geht es weiter?

Spure nach und schwinge weiter.

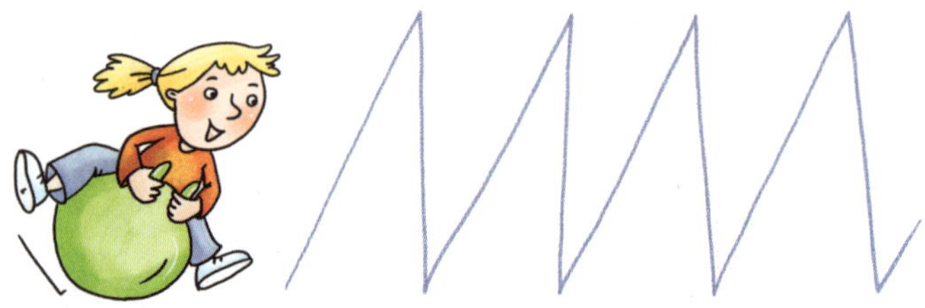

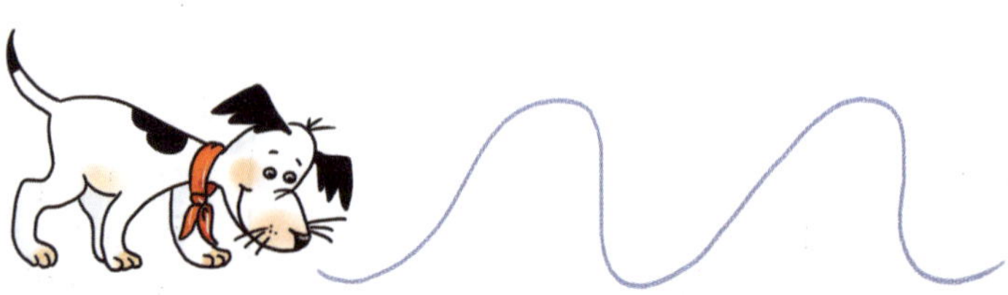

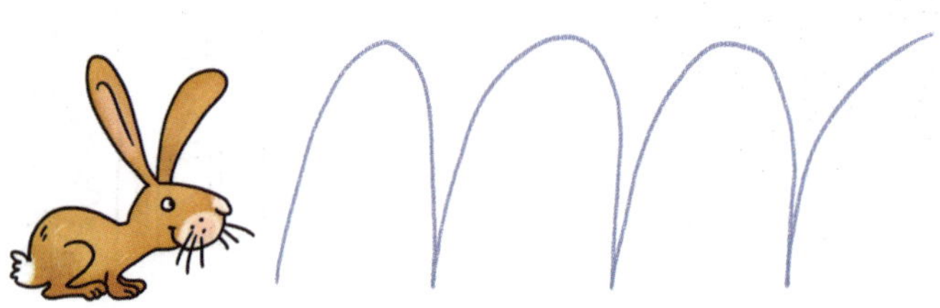

Wie geht es weiter?

Spure nach und schwinge weiter.

Kannst du das Sudoku lösen?

❓ Überlege. Male.

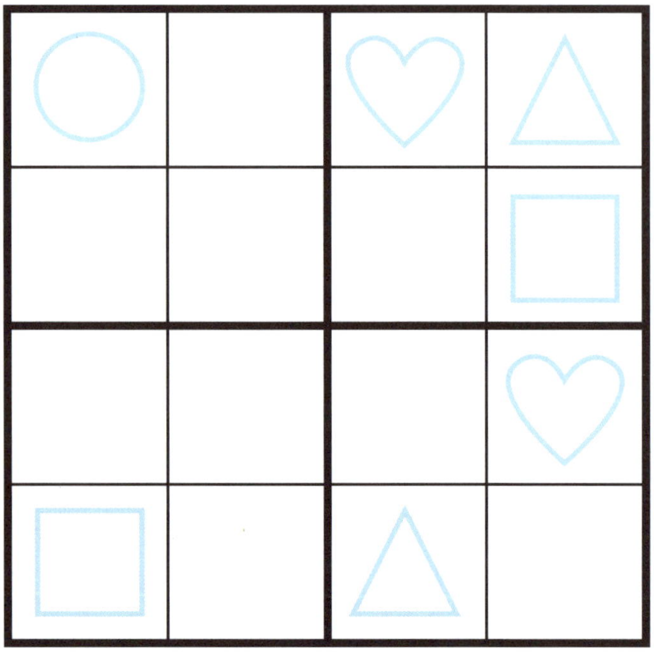

Das kann ich jetzt!

Spure nach und schwinge weiter.

Im Verkehr

Erzähle.

Suche 5 Fehler. Kreise ein.

Was gehört zusammen?

Verbinde.

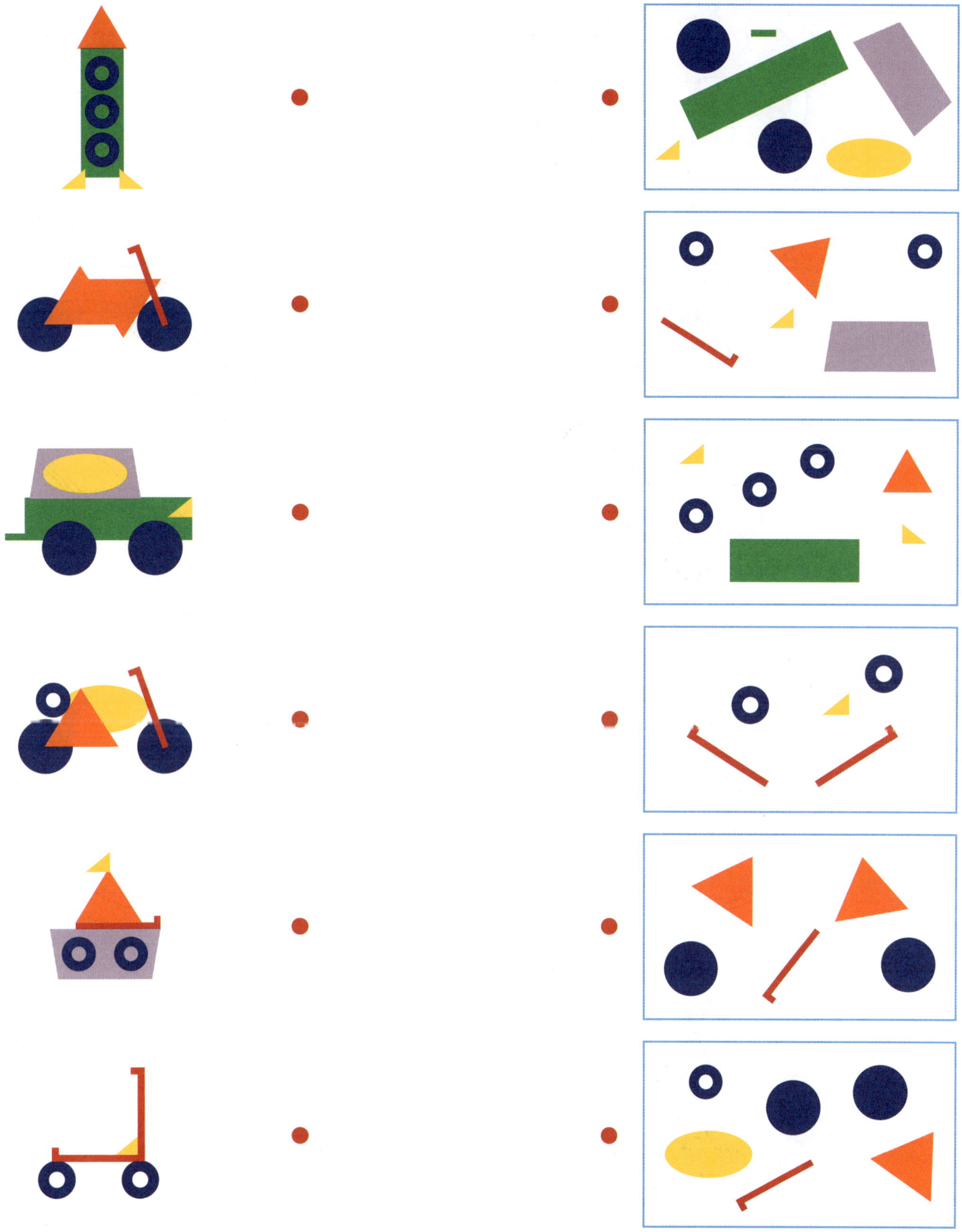

Welche Farben haben die Zeichen?

Male an.

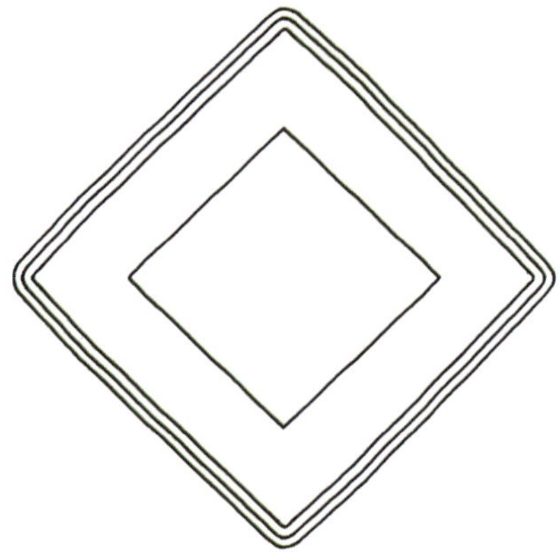

Wie sehen die Fahrzeuge aus?

Male an.

Wo sind die Dinge?

Male an.

Rechts oder links?

Male an.

Was stimmt hier nicht?

Suche 10 Fehler. Kreise ein.

Das kann ich jetzt!

 Male an.

In der Schule

Erzähle.

Male an, worüber du erzählt hast.

Wo sind die Dinge?

Male an.

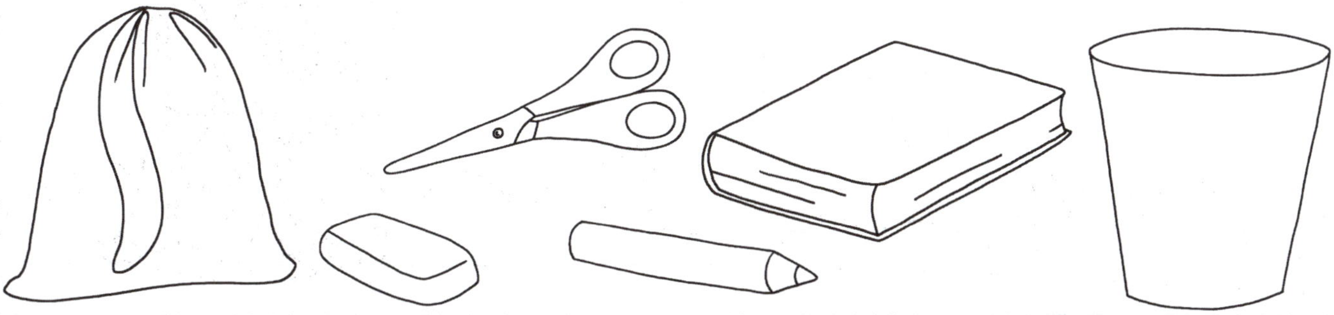

Wo sind die Schnäbel?

Schneide aus buntem Papier Schnäbel aus.

Klebe auf.

In der Turnhalle

Schneide aus.

Klebe richtig auf.

Formen

Schneide aus.

Klebe richtig auf.

Auf dem Schulhof

Schneide aus.

Klebe auf.

Was passt dazu?

Schneide aus.

Klebe richtig auf.

Auer

Ausschneidebögen

Name:

Wie oft findest du mich?

Ausschneidebogen 1

Ausschneidebogen 2

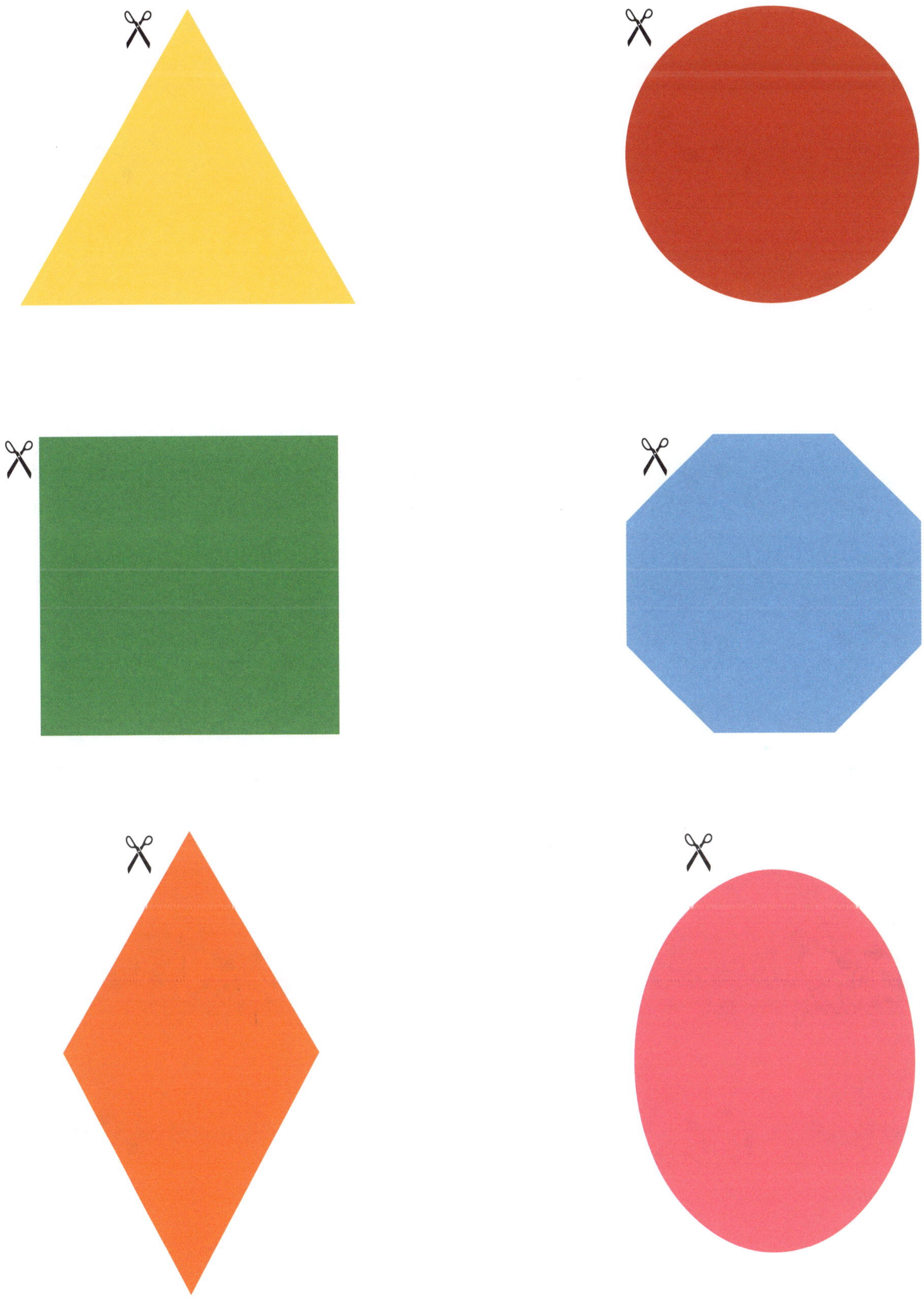

Ausschneidebogen 3

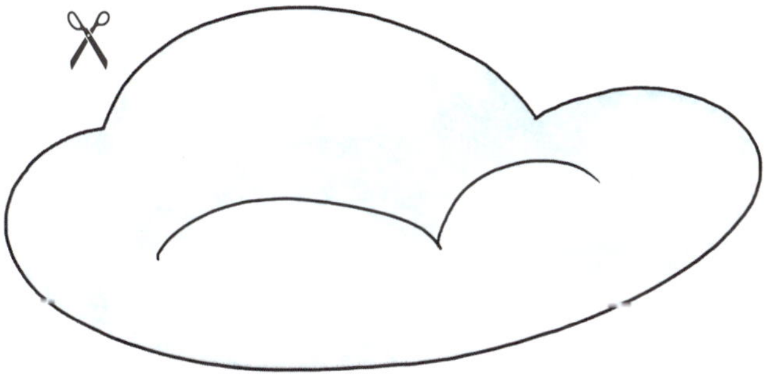

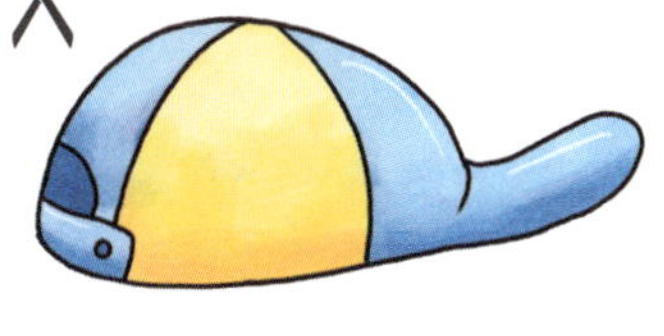

Ausschneidebogen 4

Ausschneidebogen 5

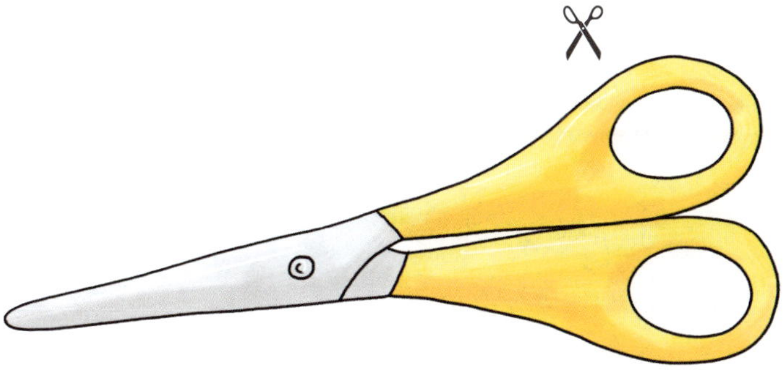

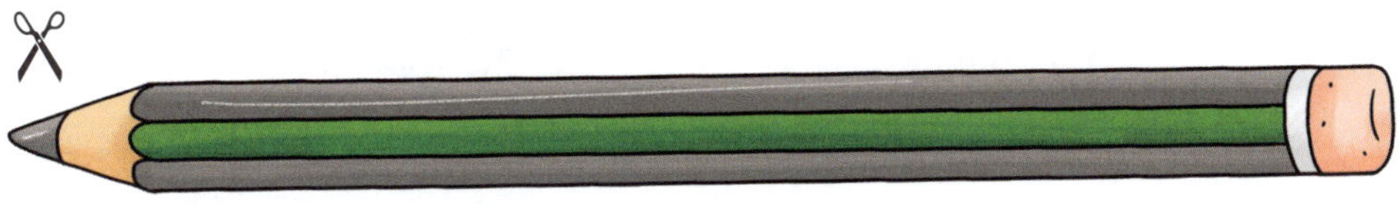

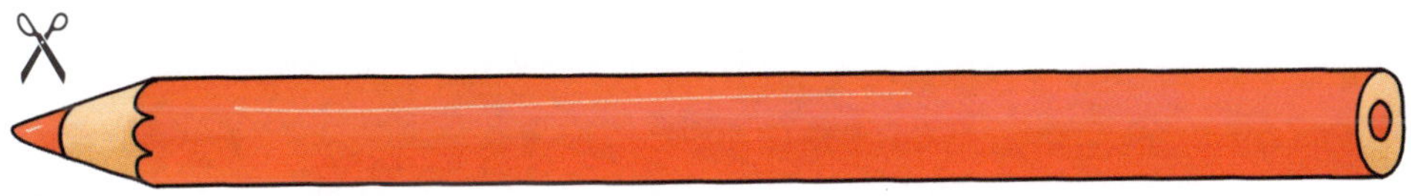

Ausschneidebogen 6

Das kann ich jetzt!

Schneide aus.

Klebe richtig auf.

Ausschneidebogen 5

Am Meer

Schneide aus.

Erzähle. Klebe geordnet auf.

1	2
3	4
5	6

Was gehört zusammen?

Verbinde.

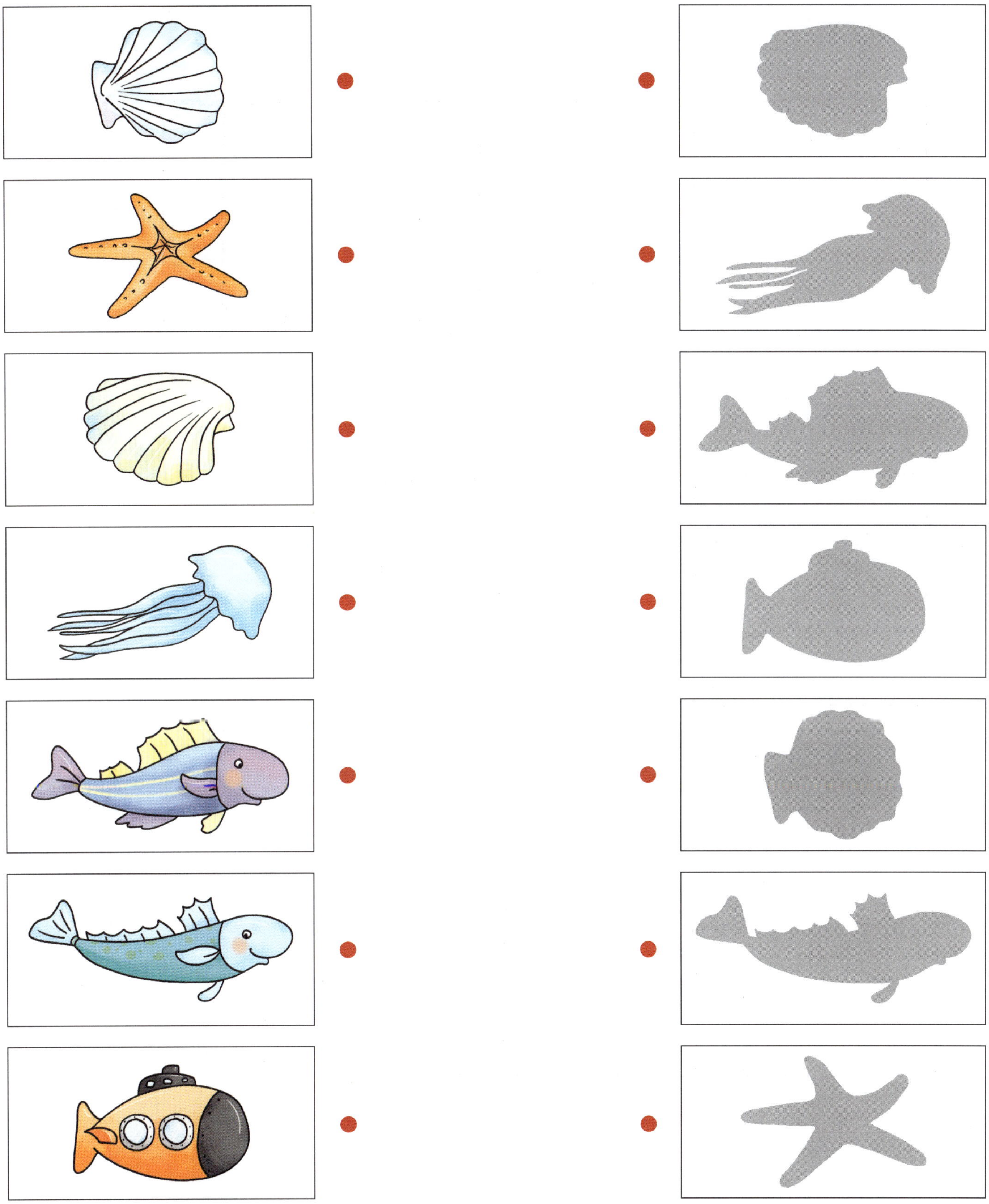

Viele Formen

Falte nach.

Schrank

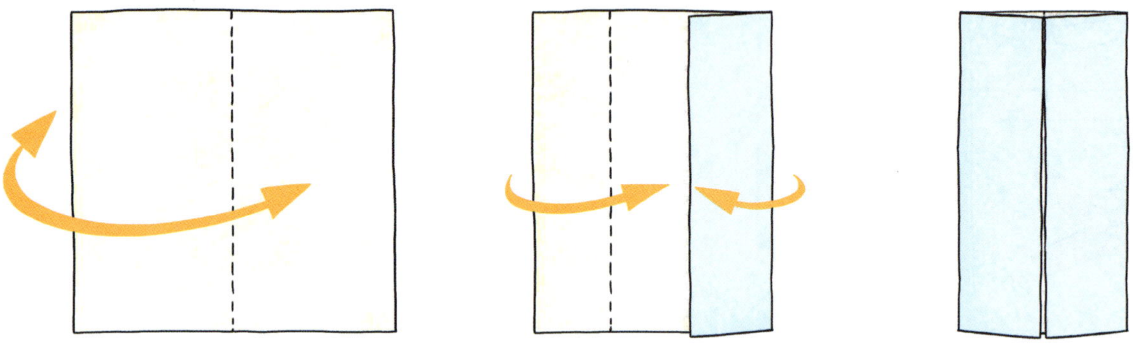

Kopftuch

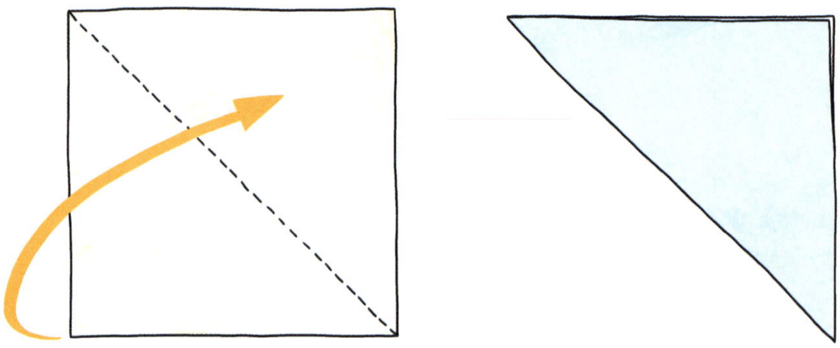

Haus

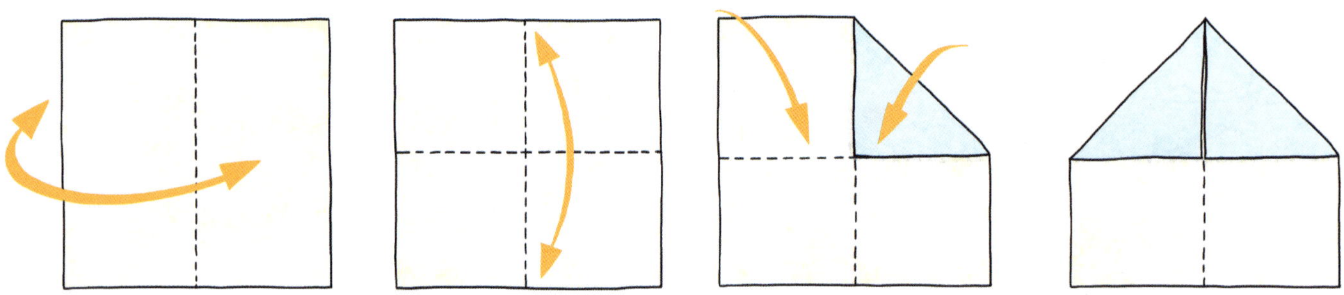

Was gehört zusammen?

Klebe deine Formen auf.

Ein Schiff

Falte nach.

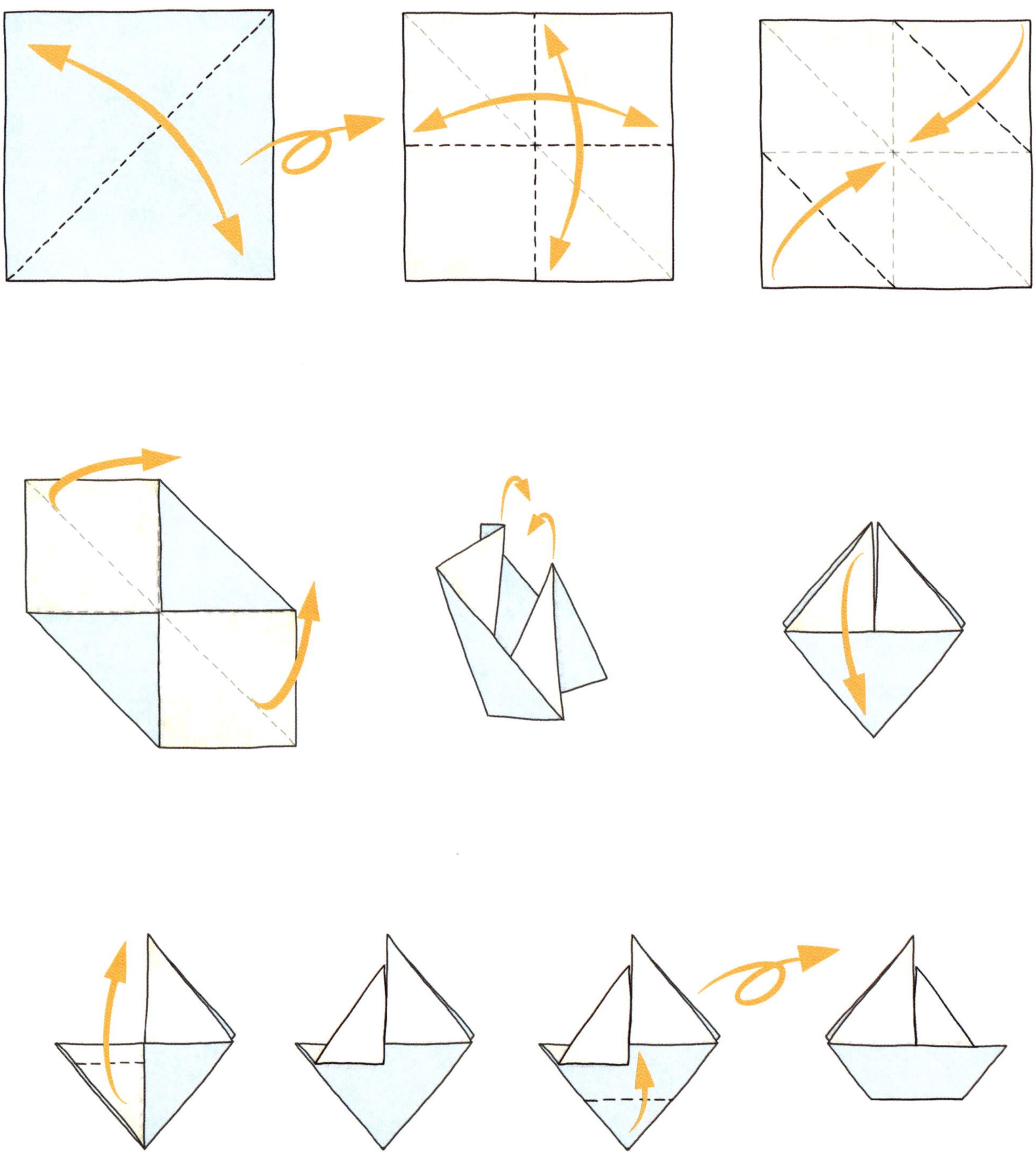

Ein Schiff auf dem Meer

Klebe dein Schiff auf.

Male an.

Was gehört zusammen?

? Kreise ein.

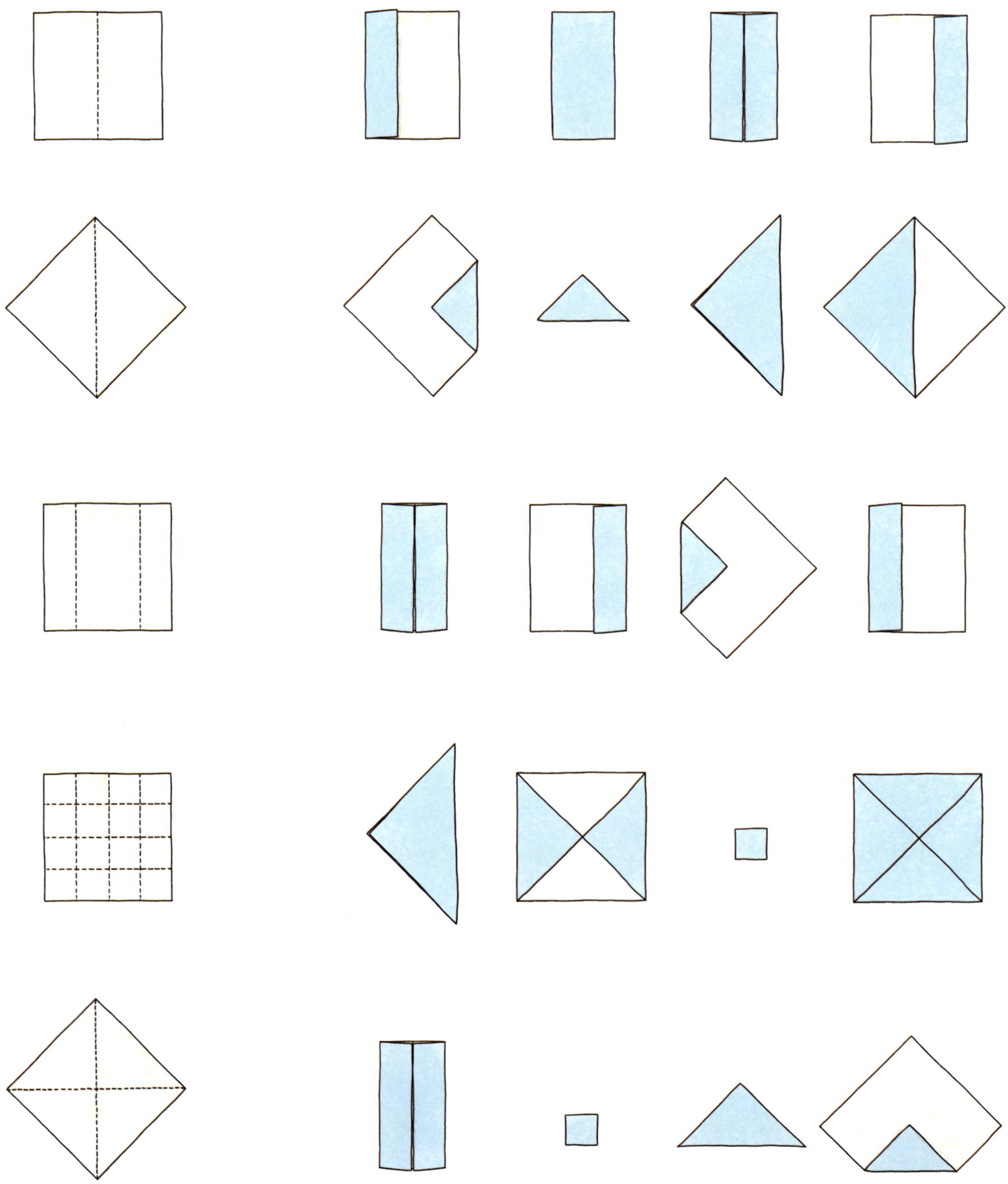

Das kann ich jetzt!

Falte nach.

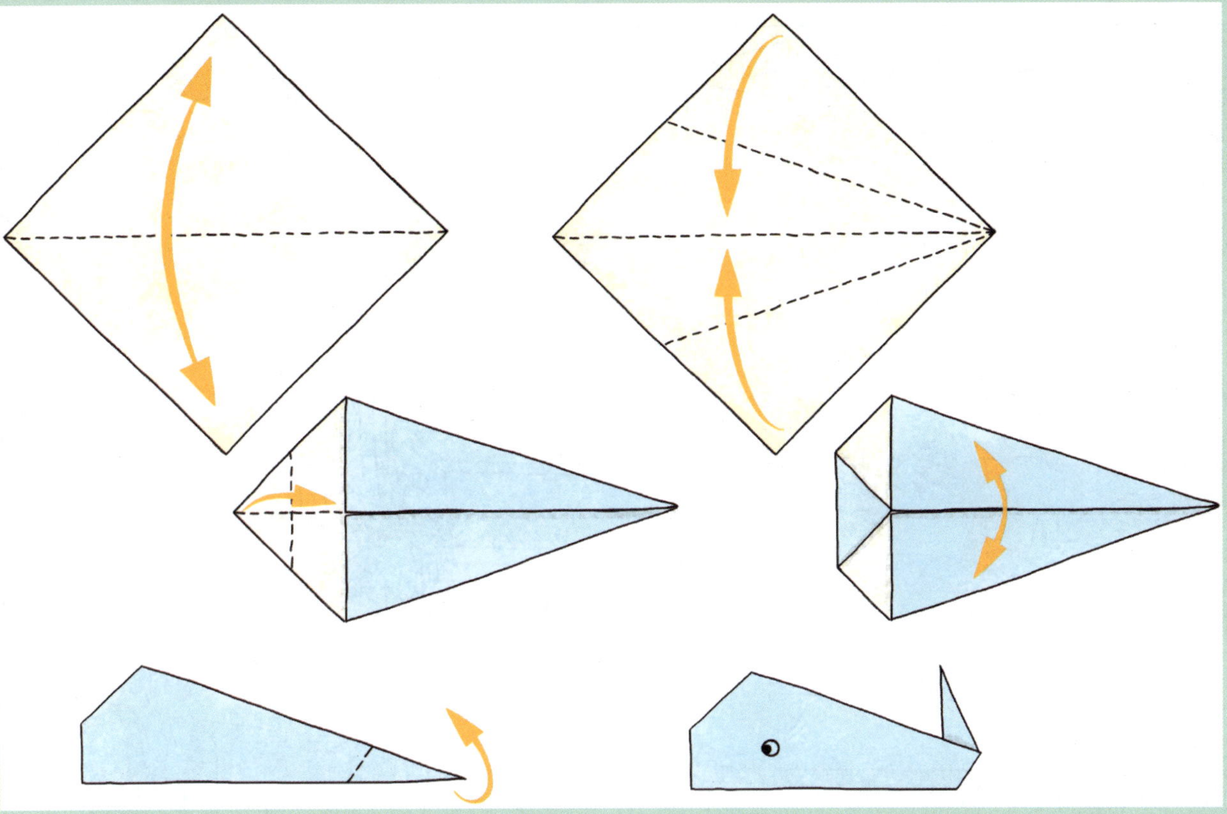

Klebe deinen Wal auf.

Im Zoo

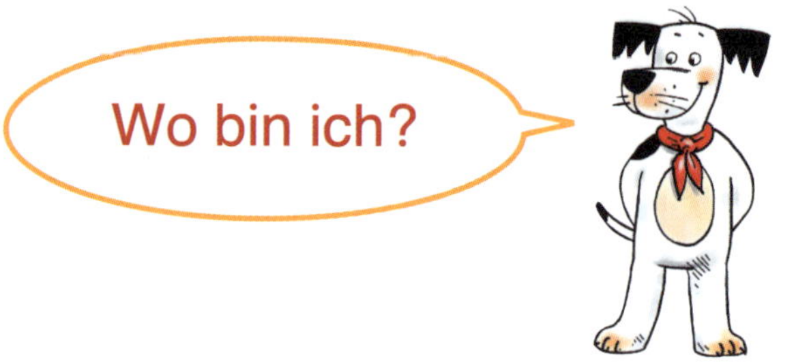

Erzähle.

Kreise ein.

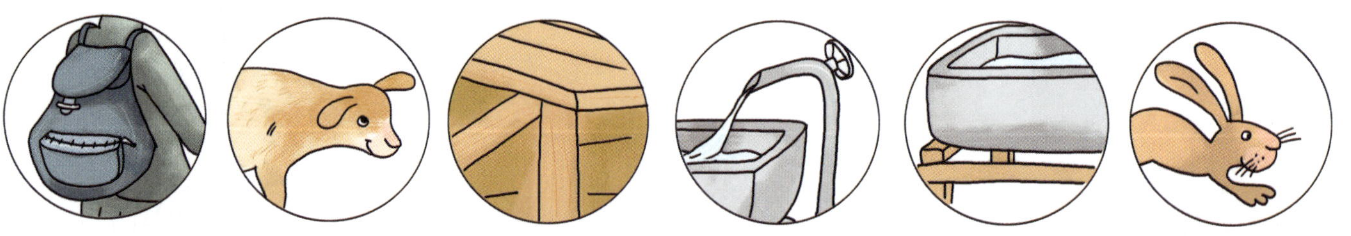

Wie viele Tiere sind es?

Spure nach.

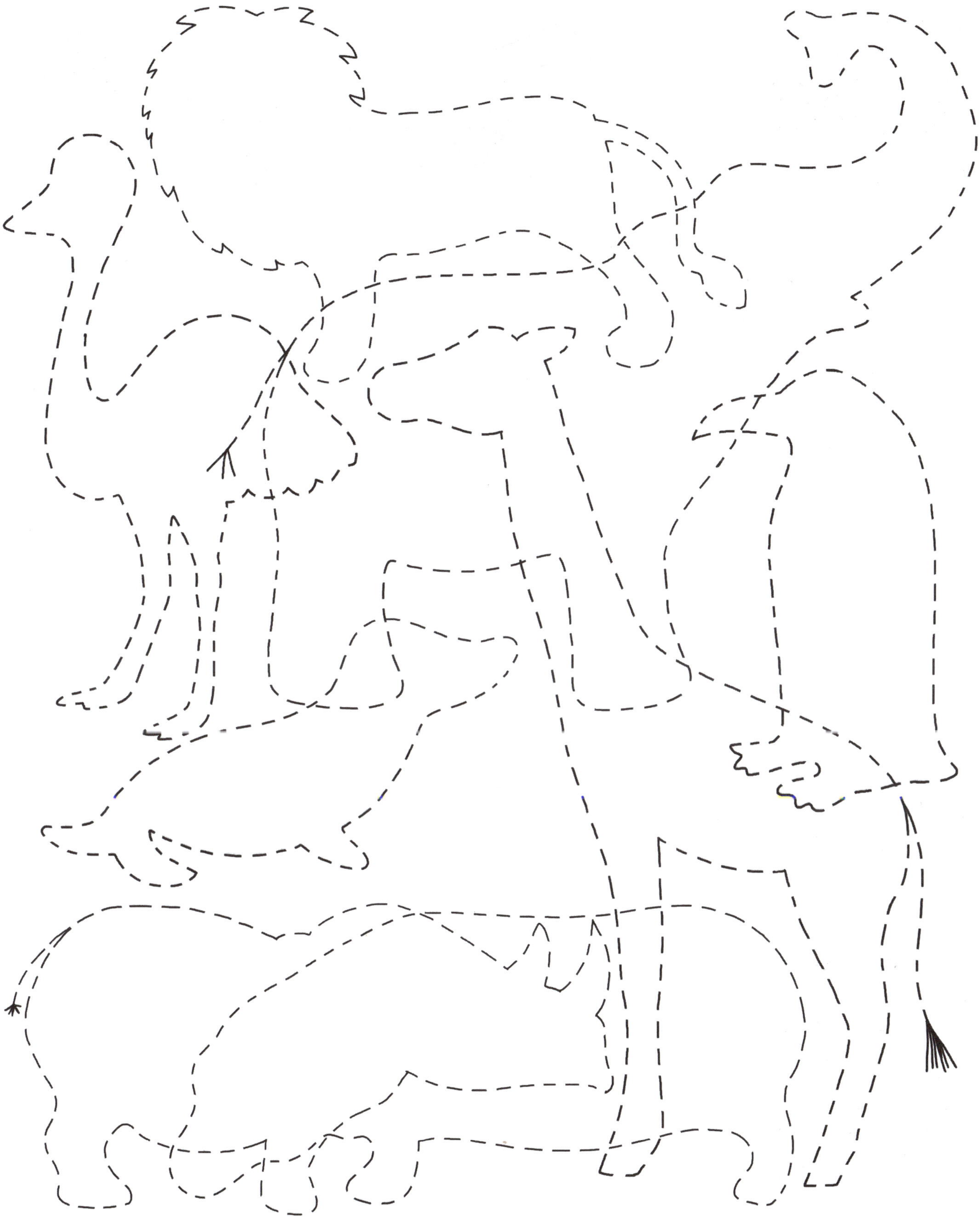

Ein Kreis

Erstelle eine Kreis-Schablone.

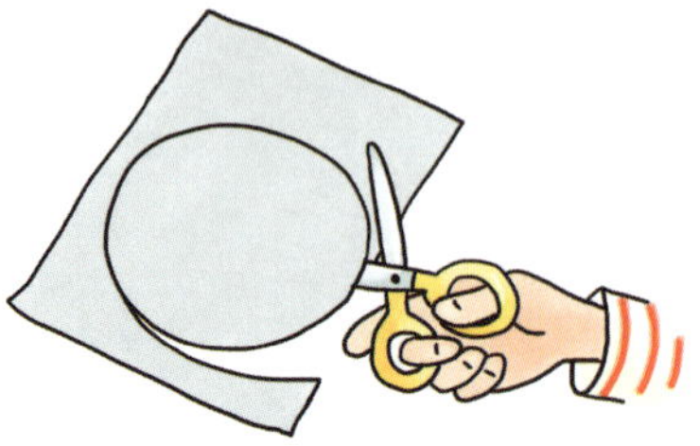

Male.

Viele Kreise

Male mit deiner Kreis-Schablone.

Ein Tier

Erstelle eine Tier-Schablone.

Viele Tiere

Male mit deiner Tier-Schablone.

Was gehört zusammen?

? Verbinde.

Das kann ich jetzt!

Erstelle eine Schablone.

Male mit deiner Schablone.

Im Wald

Erzähle.

Male an, worüber du erzählt hast.

Die Hälfte fehlt

Male.

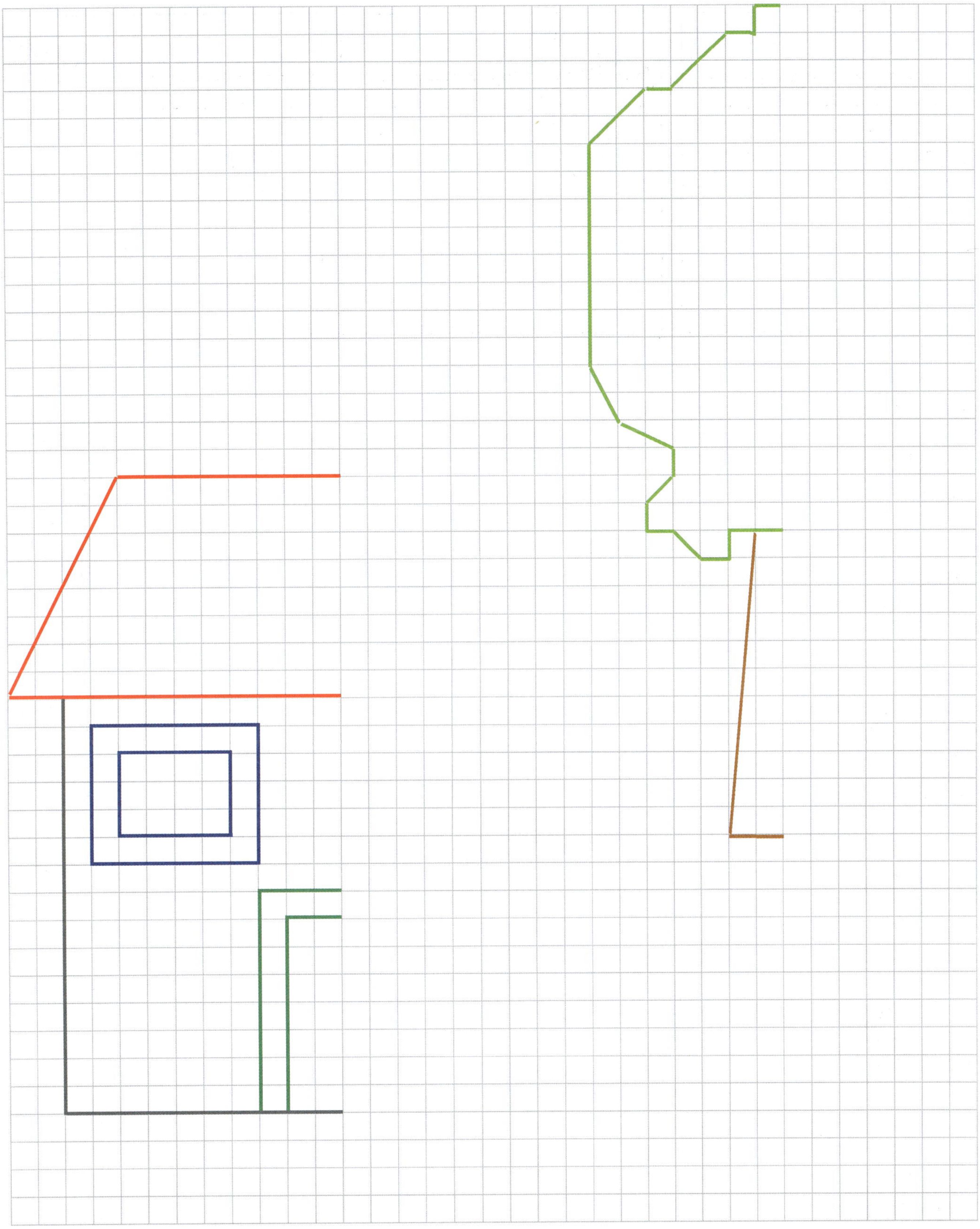

Ein Wettrennen

Verbinde mit dem Lineal.

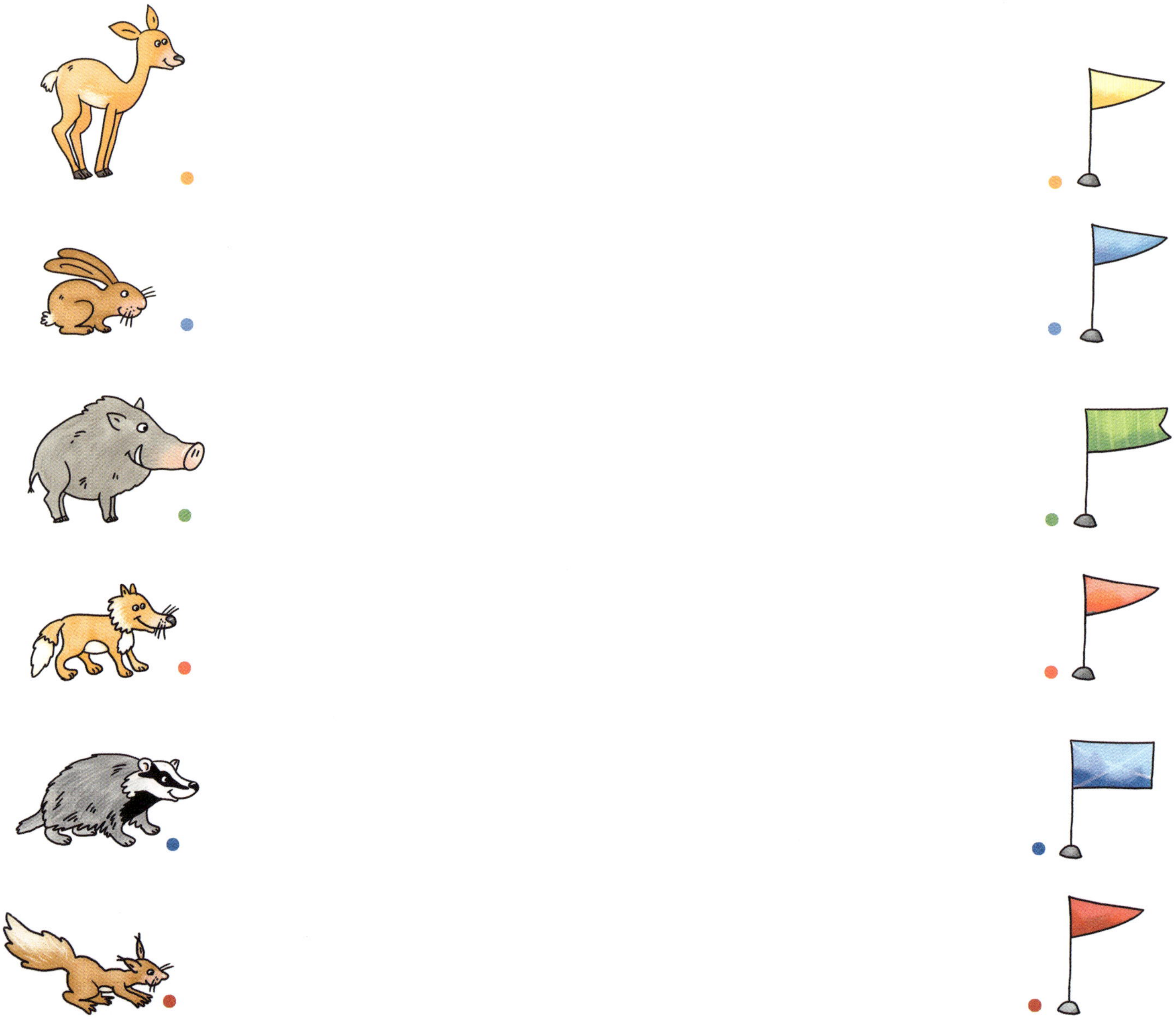

Ein Förster beobachtet

Verbinde mit dem Lineal.

Eine Futterkrippe entsteht

Verbinde mit dem Lineal.

Die Hälfte fehlt

Verbinde mit dem Lineal.

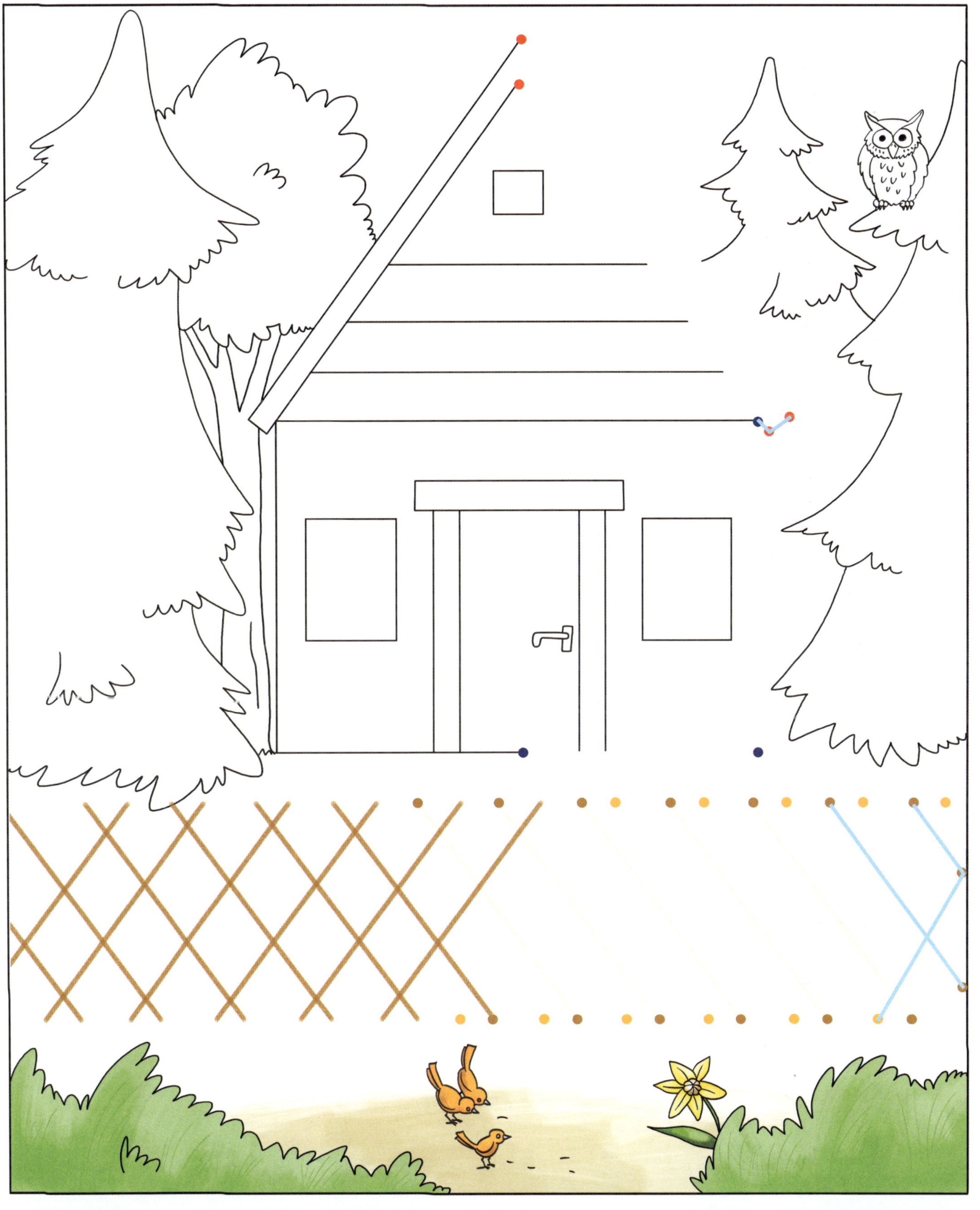

Was gehört zusammen?

? Verbinde mit dem Lineal.

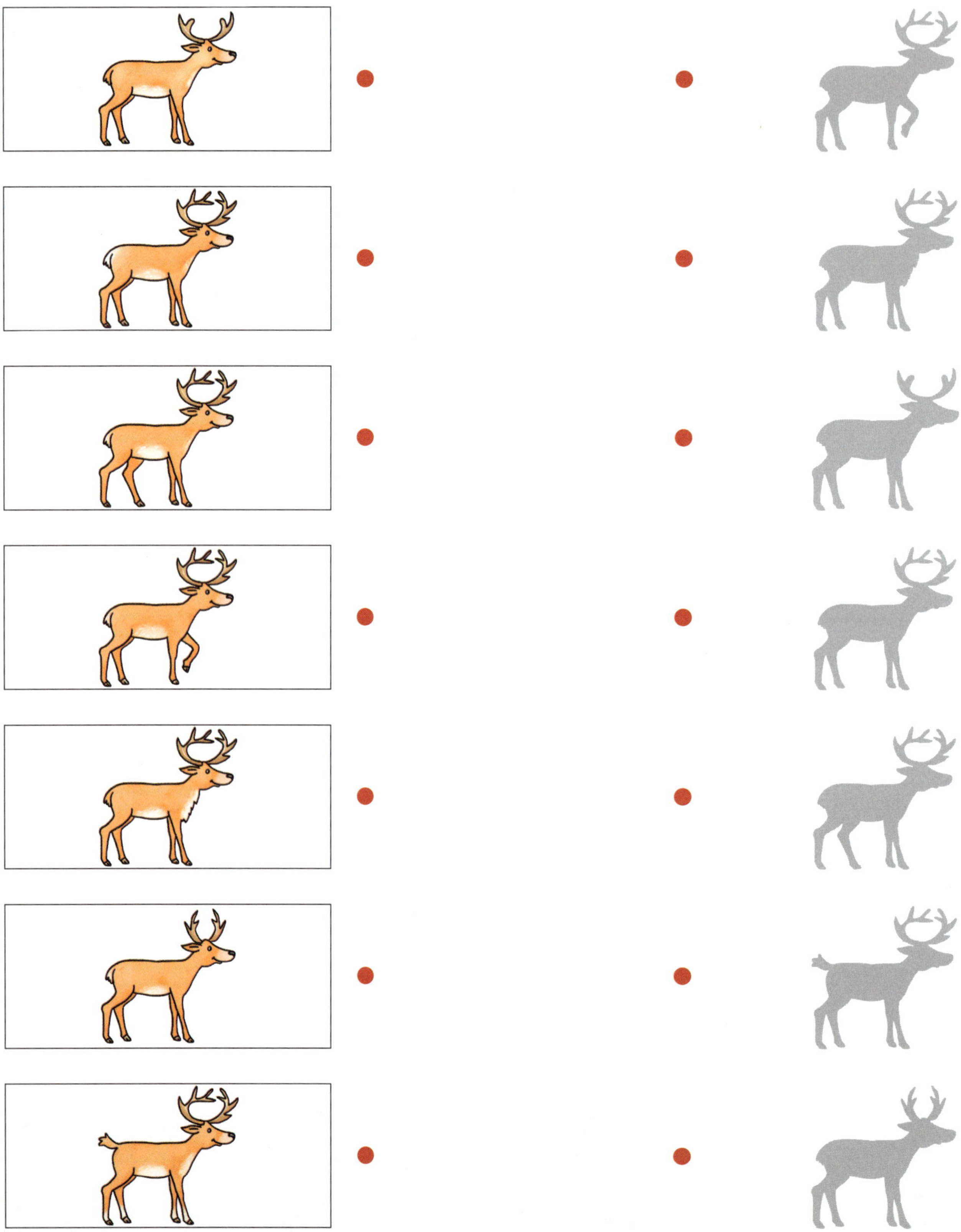

Das kann ich jetzt!

Verbinde mit dem Lineal.

Das habe ich geschafft!